¿QUIÉN GANARÁ?

LEÓN

VS.

TIGRE

JERRY PALLOTTA

ILUSTRADO POR
ROB BOLSTER

Scholastic Inc.

P9-EDR-354

Por su autorización para usar sus fotografías en este libro,
la casa editorial agradece a:

Photos ©: page 6: Andy Rouse/NHPA/Photoshot; page 7: Thomas Mangelsen/Minden Pictures; page 16: J & C Sohns/age fotostock; page 17: Marc Moritsch/National Geographic Creative; page 20: Michel & Christine Denis-Huot /Biosphoto; page 21: Anup Shah/Photodisc/ Getty Images; page 22: Andy Rouse/NHPA/Photoshot; page 23: Renee Lynn/Corbis Images.

*Gracias a mis asistentes de investigación, Olivia Packenham y Will Harney.
Gracias también al autor y hombre de zoológico Roland Smith.*
—J.P.

Originally published in English as *Who Would Win?: Lion Vs. Tiger*

Translated by Juan Pablo Lombana

Text copyright © 2009 by Jerry Pallotta
Illustrations copyright © 2009 by Rob Bolster
Translation copyright © 2016 by Scholastic Inc.

All rights reserved. Published by Scholastic Inc., *Publishers since 1920*. SCHOLASTIC, SCHOLASTIC EN ESPAÑOL, and associated logos are trademarks and/or registered trademarks of Scholastic Inc.

The publisher does not have any control over and does not assume any responsibility for author or third-party websites or their content.

No part of this publication may be reproduced, stored in a retrieval system, or transmitted in any form or by any means, electronic, mechanical, photocopying, recording, or otherwise, without written permission of the publisher. For information regarding permission, write to Scholastic Inc., Attention: Permissions Department, 557 Broadway, New York, NY 10012.

ISBN 978-0-545-92597-6

10 9   23

Printed in the U.S.A.   150

First Spanish printing 2016

¿Qué pasaría si un león se encontrara con un tigre?
¿Qué pasaría si los dos tuvieran hambre? ¿Qué pasaría
si pelearan? ¿Quién crees que ganaría?

NOMBRE CIENTÍFICO DEL LEÓN
"Panthera leo"

Conoce al león. Los leones son mamíferos. Su pelo es café claro, café oscuro o marrón. No tienen rayas ni manchas en el pelo. Los leones tienen una cara inolvidable.

NOMBRE CIENTÍFICO DEL TIGRE
"Panthera tigris"

¿SABÍAS ESTO?

Los leones y los tigres se ven diferentes. Pero por dentro son parecidos. Estos dos gatos tienen excelente vista, oído y olfato.

Conoce al tigre. ¡Los tigres también son mamíferos! Los tigres tienen rayas y son anaranjados o del color del óxido. Debajo de su pelambre tienen muchos músculos.

¡PREGUNTA CAPCIOSA!

¿Qué hay más en África, leones o tigres?

RESPUESTA:
No hay tigres en África.

ÁFRICA

Estos dos grandes gatos viven, en su mayoría, en diferentes continentes. Casi todos los leones viven en África. Unos cuantos leones viven en Asia, en el Bosque de Gir de India.

RUSIA

TIGRE SIBERIANO

CHINA

TIGRE DE AMOY

INDIA

TIGRE DE BENGALA

TIGRE DE SUMATRA

¿SABÍAS ESTO?

Los tigres blancos son mutantes genéticos. A los zoológicos les encantan porque atraen más visitantes que los tigres normales.

Los tigres viven en muchas partes de Asia. El tigre más grande es el siberiano, también llamado tigre de Amur.

Los leones prefieren vivir en llanuras extensas y pobladas de hierba.

¡Dato adicional!

Una llanura poblada de hierba es el lugar perfecto para un león. Los leones suelen comer animales que se alimentan de hierba.

Los tigres prefieren vivir en bosques tupidos y tropicales.

Los leones tienen mandíbulas enormes y fuertes. Tienen dientes afilados para cortar y rasgar. Sus grandes colmillos les permiten agarrar al animal después de cazarlo.

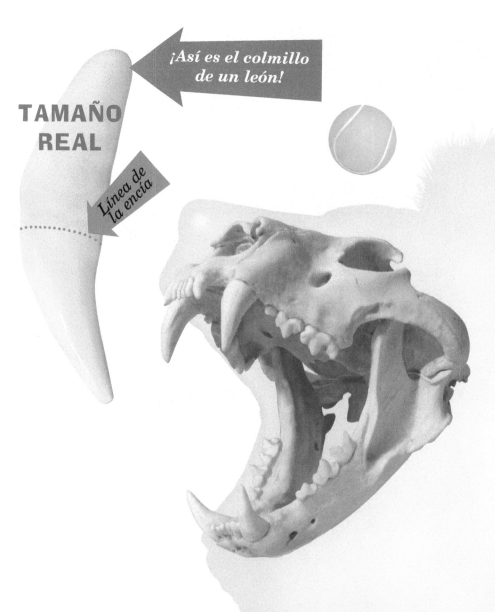

¡Así es el colmillo de un león!

TAMAÑO REAL

Línea de la encía

El cráneo de los leones es grande. Pero su cerebro es pequeño como una pelota de tenis. A los leones no se les considera muy inteligentes.

El cráneo de los tigres también es grande, pero su cerebro es tan pequeño como una pelota de béisbol. Aunque un cerebro pequeño quiere decir que el animal no es inteligente, los cuidadores de zoológicos dicen que los tigres sí lo son.

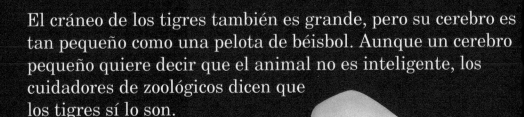

¡Así es el colmillo de un tigre!

TAMAÑO REAL

Línea de la encía

¡DATO ADICIONAL!

Los gatos caseros tienen dientes parecidos a los de los tigres. El último diente en el maxilar superior de cada gato, incluyendo las mascotas, está ladeado.

JIRAFA

ELEFANTE

HIPOPÓTAMO

BÚFALO CAFRE

CEBRA

ÑU

GACELA SALTARINA

BABUINO

RECUERDA

"Los ojos adelante sirven para cazar. Los ojos a los lados, para poderse ocultar".

Los leones son carnívoros, es decir, comen carne. No van al supermercado o a un restaurante. Los leones son depredadores que cazan, capturan y comen otros animales.

Los tigres comen estos animales

ALCE

VENADO

VACA

OSO

JABALÍ

CONEJO

¿SABÍAS ESTO?

OMNÍVOROS
comen de todo

HERBÍVOROS
comen plantas

CARNÍVOROS
comen carne

INSECTÍVOROS
comen insectos

Los tigres también son carnívoros. Persiguen, matan y comen otros animales. Los tigres son muy hábiles y creativos cuando cazan a sus presas.

13

Por lo general, las leonas son las que cazan. Lo hacen en grupo. Los leones se quedan cuidando a los cachorros de un eventual ataque.

¿SABÍAS ESTO?

No creas que el león macho tiene una vida fácil. Debe pelear constantemente y enfrentarse a otros machos que quieren quitarle el liderazgo.

Los tigres suelen cazar de noche. Tanto los tigres como las tigresas cazan solos. Los tigres son más furtivos que los leones.

DATO INTERESANTE

A veces los cazadores de tigres descubren que son ellos los que están siendo cazados.

El león es el que tiene la gran melena alrededor del cuello. Las leonas no tienen melena.

Medidas

PROMEDIOS DEL LEÓN

PESA:
500 LIBRAS

MIDE:
9 PIES

DATO IMPORTANTE

La melena del león hace que se vea más grande y feroz y le protege el cuello.

LEÓN

LEONA

Las leonas son en promedio un tercio más pequeñas que los leones.

¿Quién crees que ganaría una pelea? ¿Un león o un tigre?

Los tigres y las tigresas son muy parecidos, pero los tigres son más grandes y tienen bigotes más largos.

TIGRE   TIGRESA

Medidas

PROMEDIOS
DEL TIGRE

PESA:
650 LIBRAS

MIDE:
10 PIES

Las tigresas son en promedio un tercio más pequeñas que los tigres.

¡Así que estudia los datos! ¿Quién crees que lleva la ventaja? ¿Quién ganaría?

Los leones tienen patas enormes con garras largas y afiladas. Cuando caminan, las garras no tocan el suelo. Pero los leones sacan las garras cuando algo los amenaza.

DATO DIVERTIDO: Las garras están ocultas bajo el pelo, que es el doble de largo alrededor de los dedos.

TAMAÑO REAL DE UNA GARRA DE LEÓN

La garra delantera izquierda de un león

Los tigres también tienen patas enormes. Los tigres pueden saltar a una altura de hasta quince pies, pero también pueden caminar en puntas de pie como una bailarina.

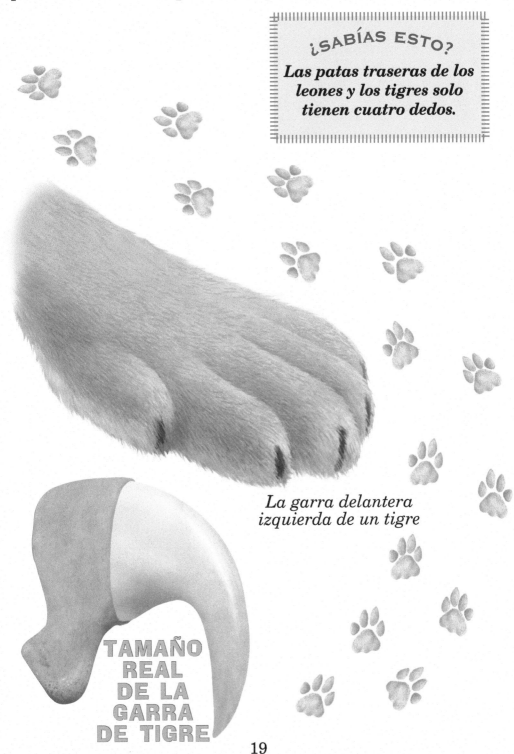

¿SABÍAS ESTO?

Las patas traseras de los leones y los tigres solo tienen cuatro dedos.

La garra delantera izquierda de un tigre

TAMAÑO REAL DE LA GARRA DE TIGRE

Los leones viven en grupos llamados manadas. Una manada típica incluye tres leones, quince leonas y dos docenas de crías. Los leones son los únicos gatos salvajes que viven en familia.

¿SABÍAS ESTO?

Un gran león lidera su manada durante unos dos años. Suele ser retado por otros leones. Estos retos suelen terminar en peleas a muerte.

Los tigres son tímidos y viven solos. Si se encuentran con otro tigre, suelen ser amigables el uno con el otro.

¡Dato adicional!
Es posible encontrar un grupo de tigres compartiendo una gran cena.

A las crías de león se les dice cachorros. Los cachorros de león tienen manchas en el pelo. Las manchas los ayudan a camuflarse. A medida que crecen, las manchas desaparecen.

DEFINICIÓN

La palabra **camuflarse** significa poder esconderse o mezclarse con el paisaje.

¿SABÍAS ESTO?

Después de cazar, el león come primero, luego la leona y, por último, los cachorros.

Los cachorros de tigre se parecen a sus padres.
¡Son muy lindos!

No, no puedes tener uno de mascota. Cuando crezcan,
¡te comerán!

¿SABÍAS ESTO?

Los leones y los tigres pueden correr a una velocidad de hasta 50 mph, pero su promedio es de 35 mph.

LÍMITE DE VELOCIDAD
50

Los leones tienen colas largas y, en la punta de estas, un penacho de pelo de color oscuro.

Los tigres tienen colas largas y rayadas.

LÍMITE
DE
VELOCIDAD
50

¡Dato adicional!
*La gran cola de los tigres
los ayuda a equilibrarse
cuando pelean o se suben
a los árboles.*

¡Dato adicional!

Los leones, los tigres y los jaguares son los únicos gatos que rugen.

Este león ve a un tigre siberiano. Ruge. ¡Los leones rugen muy fuerte! Se les puede oír a cinco millas de distancia y asustan a cualquier animal que esté cerca.

El tigre ve al león y también ruge. Los tigres no rugen tan fuerte como los leones, pero ahora todos los animales que viven en esa área prestan atención.

DATO DIVERTIDO:
Los tigres ronronean entre rugidos. Su ronroneo suena
"oooooonnn"
a medida que exhalan.

El tigre espera a que el león ataque primero. Luchan sacando los dientes y las garras. Los dos gatos se paran en las patas traseras.

El tigre trata de morder el cuello del león. No puede. Morder el cuello del león es como morder una bola de pelo gigante. La melena del león le proporciona ventaja al león.

La pelea es brutal. Los enormes gatos se muerden y se hieren. Primero, el veloz león se sube sobre el tigre, pero luego el ágil tigre está encima del león. La pelea va y viene. Los dos son excelentes luchadores.

El tigre saca ventaja y vuelve a intentar morder el cuello del león. Pero la melena del león es como un colchón gigante. El tigre pelea mejor, pero se está cansando de morder la bola de pelo. Entonces, el león agarra al tigre por el cuello.

El mordisco del león es mortal. El tigre ha perdido.

El león se aleja cojeando pero victorioso. Tiene muchas heridas y rasguños.

Hoy ganó el león. La naturaleza le ha dado un regalo fabuloso al león, una melena gruesa y peluda.

¿Podrá ganarle alguna vez un tigre a un león?

¿QUIÉN LLEVA LA VENTAJA?

LEÓN   TIGRE

LEÓN		TIGRE
☐	Pelo	☐
☐	Dientes	☐
☐	Inteligencia	☐
☐	Tamaño	☐
☐	Habilidad para cazar	☐
☐	Garras	☐
☐	Oído	☐
☐	Familia	☐
☐	Velocidad	☐